ANIMAUX GÉANTS
Le gorille

Stephanie
Turnbull

Publié par Saunders Book Company,
27 Stewart Road, Collingwood, ON Canada L9Y 4M7

Un livre de Appleseed Editions

Imprimé aux États-Unis
par Corporate Graphics in North Mankato, Minnesota

Conçu par Hel James
Édité par Mary-Jane Wilkins
Traduit de l'anglais par Anne-Sophie Seidler

Catalogage avant publication de Bibliothèque et Archives Canada
Turnbull, Stephanie
[Gorilla. Français]
    Le gorille / Stephanie Turnbull.
(Animaux géants)
Comprend un index.
Traduction de : Gorilla.
ISBN 978-1-77092-249-5 (relié)
    1. Gorille--Ouvrages pour la jeunesse. I. Titre. II. Titre :
Gorilla. Français.
QL737.P94T8714 2014   j599.884   C2014-901945-9

Crédits photos
g = gauche, d = droite, h = haut, b = bas
page 1 Eric Isselée; 3 emin kuliyev; 4 Jacek Jasinski/tous Shutterstock;
5 iStockphoto/Thinkstock; 6 iStockphoto/Thinkstock; 7 Bruce
Davidson/Nature Picture Library; 8 iPics/Shutterstock; 9 Hemera/
Thinkstock; 10 Sam DCruz; 11 FAUP/tous Shutterstock; 12 Stockbyte/
Thinkstock; 13 emin kuliyev/Shutterstock; 14 Anup Shah/Thinkstock;
15 iStockphoto/Thinkstock; 16 emin kuliyev/Shutterstock;
17, 18, 19, 20b Eric Gevaert/Shutterstock, 20h iStockphoto/
Thinkstock; 21 Eric Baccega/Nature Picture Library; 22h Eric Isselée,
b Nattika; 23h oorka, b NMorozova/tous Shutterstock
Couverture Eric Isselée/Shutterstock

DAD0059Z
042014
9 8 7 6 5 4 3 2 1

Table des matières

Les gorilles sont
énormes!

Un gentil géant

Le gorille est le plus
grand singe du monde.
Il ne saute pas d'arbre
en arbre mais marche
à quatre pattes.

4

Le gorille peut
avoir l'air féroce,
mais en réalité,
c'est un animal
très timide
et pacifique.

Son milieu naturel

Le gorille vit en Afrique centrale.

Le gorille des plaines se cache dans la forêt tropicale épaisse et humide ou dans les marécages.

Le gorille des
montagnes vit
dans les hautes
montagnes
brumeuses.
Une fourrure très
épaisse le tient
bien au chaud.

Le clan

Le gorille vit dans un groupe appelé clan.

Chaque clan est composé de mères, de bébés, de jeunes gorilles et d'un gros mâle. On l'appelle dos argenté en raison de ses poils gris.

Le dos argenté est le chef. Il dirige le clan.

Se nourrir

Le clan passe sa journée
à chercher des plantes
à manger.

Le gorille mâche
les feuilles et broie
les tiges dures avec ses
grosses dents puissantes.

Parfois, le gorille mange des fruits ou des fourmis.

Oaaaaahhh!

Quand le gorille
ne mange pas, il aime
s'étendre et se reposer.

La nuit, il se construit
un nid dans les arbres
en utilisant des branches
et des feuilles.

Les bébés se blottissent
contre leur maman.

Les gorilles les plus lourds
restent sur le sol.

Attention!

Parfois, un léopard ou un autre
dos argenté tente d'attaquer le clan.

Cela met
le dos argenté
très en colère!

Pour effrayer
les ennemis,
il se met debout
et se **FRAPPE**
la poitrine.
Il arrache des
plantes, hurle
et tape le sol.

15

Bébés gorilles

Tous les quatre ou cinq ans, la femelle gorille donne naissance à un bébé.

Le nouveau-né est tout petit et faible.

Il tète sa mère et reste blotti contre elle.

Très vite, il est capable de grimper sur le dos de sa mère.

Son enfance

Le bébé gorille commence à explorer par lui-même. Il adore courir, faire des pirouettes et jouer avec les autres bébés.

Vers l'âge de
11 ans, les mâles
commencent à
avoir des poils
gris. Ils sont prêts
à quitter le clan.

Parler gorille

Le gorille est un animal intelligent qui aime communiquer.

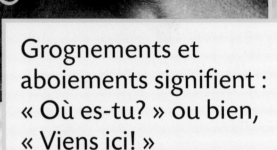

GRRR... GRRR

Des rots profonds et sourds signifient : « Je suis content! »

Grognements et aboiements signifient : « Où es-tu? » ou bien, « Viens ici! »

Buuuuuuuurp

Cris et grondements veulent dire : « Attention, danger! »

GRRRAAAA!

Infos GÉANTES

Quand le gorille
étend ses bras,
ils sont plus longs
que toi et un de
tes amis couchés
bout-à-bout.

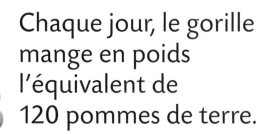

Chaque jour, le gorille
mange en poids
l'équivalent de
120 pommes de terre.

Un dos argenté
est environ
dix fois plus fort
qu'un adulte
humain.

Le gorille peut
être aussi
lourd qu'un
gros piano.

Mots utiles

dos argenté
Mâle gorille qui a atteint l'âge adulte.

clan
Une famille de gorilles qui forme un groupe. Généralement, il y a environ dix gorilles dans un clan.

gorille
Le gorille fait partie de la famille des grands singes. Ce sont des singes de grande taille qui ne possèdent pas de queue, tels que le chimpanzé, le gibbon ou l'orang-outan.

Index